# 図書館のための簡単な本の修理

原案・監修　高岡容子

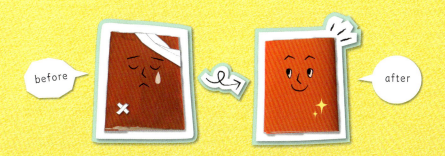

before　after

## はじめに

学校図書館や公立図書館で人気の絵本やシリーズものの児童書は、貸出回数が極端に多いため、どうしても壊れてしまいます。ページが破れたり、はずれてしまったりするのです。

貸し出しに耐えられないほど壊れてしまった本は、廃棄や買い替えもやむを得ませんが、本の購入予算は限られています。そこで、図書館ではできるだけ本を修理しようとします。

壊れた本を修理するのは、図書館司書や図書館で働く方々です。本の貸出、資料の案内、分類や目録の作成など、さまざまな仕事をこなしながら本の修理も行っています。

しかし現在、本の修理にじっくりと時間をかけることは、修理のみを行う専門の担当者でもいないかぎり、難しい状況になっています。人材や費用の面から見ても、潤沢な予算をとれる施設はそう多くありません。

修理する時間や費用がないために、壊れた本が積まれたままとなってしまうよりも、簡単な方法で、できるだけ費用をかけずに修理し、可能な限り早く本を書架に復帰させたい、その思いからこの本を手がけることにしました。

本書では、児童書を想定した修理方法を取りあげました。身近にある道具で簡単にできる方法を紹介し、できるだけ早く「本を読める状態にする」ことを目的としています。また、耐用年数は長くても3年くらいの本を対象としています。数十年の保存を見込んでいる貴重な資料などは、簡単な修理方法の対象ではありませんのでご了承ください。

できることなら、本が壊れてしまうこと自体を防ぎたいものです。そのため、本を大切に扱うこと、本の環境を整えることなど、「本の取り扱い」についても後半で触れました。

本が子どもたちに与えてくれる世界は、限りなく広いのです。1冊でも多くの本が、1人でも多くの子どもに届くようにと願っています。また、図書館司書や図書館で働く方々の児童書の修理に費やす時間が少しでも短縮され、心的負担や労働的負担が軽減されることを、心から願っています。

高岡　容子

## 目次

はじめに ……………… 2

### 修理の心構え ……………… 6

### 本の構造
並製本・上製本 ……………… 8
綴じ方 ……………… 9
各部の名称 ……………… 10
紙の目 ……………… 11

### 基本の道具
定規・はさみ・カッターナイフ ……………… 12
刷毛・筆・編み棒・竹串・プラスチックスプーン・
プラスチックの浅い容器・ヘラ・ピンセット ……………… 13
糊・修理用テープ・製本用布テープ・
ブックカバーフィルム（Bフィルム） ……………… 14
クッキングシート・和紙・クラフト紙・厚紙・
紙やすりとトイレットペーパーの芯・目玉クリップ ……………… 15

### 修理の際に注意すること
劣化しやすい素材を使わない ……………… 16
頑丈過ぎる素材を使わない・背と本体を貼りつけない ……………… 17

### 本の修理
ページが破れたとき 1 ……………… 18
ページが破れたとき 2 ……………… 21

　　ページがはずれたとき 1 ……… 24
　　ページがはずれたとき 2 ……… 28
　　（コラム）修理は早め早めに ……… 31

　　糸綴じがゆるんでのどに隙間ができたとき ……… 32
　　表紙と見返しがはがれたとき ……… 35
　　背表紙が部分的にはがれたとき ……… 38
　　背表紙が欠けたとき ……… 43
　　背表紙が全体的にはがれたとき ……… 49
　　見返しだけが切れたとき ……… 54
　　のどが割れたとき ……… 56
　　（コラム）1回でも多く貸し出すために ……… 61

## 本の取り扱い
　　利用者へのアナウンス
　　　（本の取り出し方・扱い方など）……… 62
　　日常のメンテナンス ……… 64
　　本が濡れてしまったとき ……… 66
　　カビが生えてしまったとき ……… 68
　　予防 Ⅰ（Bフィルムの貼り方）……… 70
　　予防 Ⅱ（コピーサービスの留意点）……… 73
　　予防 Ⅲ（光・温度・湿度・カビ）……… 74
　　予防 Ⅳ（配架のポイント）……… 76
　　酸性紙問題 ……… 78
　　本の廃棄について ……… 79

# 修理の心構え

児童書は、子どもたちに出合いを楽しんでもらい、たくさん読んでもらうことが大切です。そのためには、できるだけ多くの本を幅広い内容で揃えておくこと、1冊でも多くの本を子どもたちが手に取れる状態にしておくことが必要になります。

その一方で、本は子どもたちに利用されればされるほど壊れやすくなります。壊れた本は、同じものを買い替えたり、似た種類の本を購入して入れ替えたりするなどの対応方法もありますが、実際は費用の面からそうたやすくはできません。

そのために、壊れた本はできるだけ修理して、書架に戻す必要があるわけです。

本来、本の修理ではその本が持っている魅力や手ざわりなどを変えてしまうことは避ける必要があります。それが貴重な資料であればなおのことです。

しかし児童書の場合、利用される頻度や利用のされ方から、長くても数年、形状を保つことができる修理であればよいのではないかと考えています。

児童書の場合には、簡単・手軽に修理することは、管理をする者にとっても、本を読む子どもにとっても、良い結果や効果を生むのではないでしょうか。

この本では「数年もてばよい」「読めるための最低限の修理」について、簡単・手軽にできることを目的として紹介していきたいと思います。

## 修理の心構え

学校図書館や公立図書館などで、不特定多数の人によって扱われる本は、壊れ方もさまざまです。壊れた本の修理方法は一様ではなく、その一冊一冊に対して、その本に合った修理方法を考え、対応しなくてはなりません。

修理方法に「こうすればよい」という、一つだけの方法はありません。さまざまな壊れ方をする本に対応するためには、まずどんな修理方法があるのかという知識、本の構造についての知識、修理の材料や道具についての簡単な知識が必要です。一つひとつ解説していきますので、それらの基本的な知識を得たうえで、実践に取り組んでいただければと思います。

なお、どんな壊れ方をした本でも元通りに直さなければならないと判断するのは少し違います。破損具合が激しくて、直しても文字が読みづらかったり、ページがめくりにくかったりする状態のものは、廃棄などを検討してください。

直すのか、直さないのか、直すのならどう直すのか、これらの判断は各施設の方針に従うのが原則ですが、個人でも、数をこなすうちに少しずつ身についていきます。まずは最初の一冊から始めてみてください。

最後に、修理作業で最も大切なのが、本を大切に思う気持ちです。不本意にも壊れてしまった本に対して、できることならもう一度子どもたちの手に戻してあげたいという思いを常にもって、接していただければと思います。

# 本の構造

本を修理するには、本の構造や、どのような紙で作られているのかを知る必要があります。ここでは、基本的な製本、綴じ方、各部の名称などを確認します。

## 並製本

表紙に厚紙を使用していない、薄い表紙の本をさします。「ソフトカバー」とも呼ばれます。
表紙と本体は同じ寸法で、たとえば、週刊誌や雑誌、単行本、新書、文庫本などにみられます。
綴じ方は、「中綴じ」、「平綴じ」、「無線綴じ」、「あじろ綴じ」などに分類されます。
並製本は、軽いので持ち運びやすく、比較的少ない費用で製作できるという特長があります。

## 上製本

表紙に厚紙が使われていて、布地などで覆われている本もあります。「ハードカバー」とも呼ばれます。
表紙は本体よりも2〜3mm大きく(この差を「チリ」といいます)、本体を保護する役割があります。
また、表紙の内側に「見返し」と呼ばれる紙があり、厚紙の表紙と本体をつないでいます。綴じ方は、「糸(かがり)綴じ」「あじろ綴じ」などです。
上製本は、見栄えがよく、強度があり、保存に向いているといえるでしょう。児童書は堅牢な製本であることが求められているので、その多くが上製本です。

本の構造

## 綴じ方

### 中綴じ
二つ折りにした紙の折り目を、糸やステープラーなどで綴じたもので、開きやすくなります。週刊誌やパンフレットなどによくみられる綴じ方です。

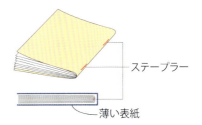

### 平綴じ
背から5mmくらいの部分を、糸やステープラーで2か所以上とめたもので、丈夫ですが完全には開ききりません。教科書や雑誌などの綴じ方です。

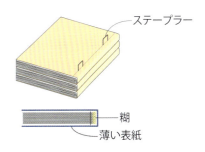

### あじろ綴じ
糸やステープラーを使わずに、糊で接着する無線綴じの一種です。背にスリットと呼ばれる溝をつけて、糊を浸透しやすくしています。本の開きもよく、強度に優れているので、多くの単行本はこの綴じ方です。

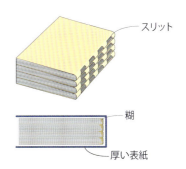

### 糸（かがり）綴じ
二つ折りにした本体の背を、数組重ねて糸でかがったもので、丈夫で開きやすくなります。上製本や辞書、図鑑などの綴じ方です。

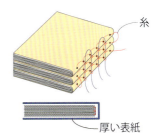

## 各部の名称

本の表紙の平らな部分が「平（ひら）」、上部が「天」、下部が「地」です。
本を綴じている部分を「背」といい、背の出っ張っているところは「耳」、厚紙の入っていないへこんだ部分は「溝」、本を開く側を「前小口」といいます。また、本の厚さを「束（つか）」といいます。

本の綴じ目あたりを「のど」、表紙と本体をつなぐ部分を「見返し」、本体よりも数mm大きくなっている表紙の部分を「チリ」といいます。
「見返し」は表紙の裏の部分を「効き紙」、本体側を「遊び」と呼び分けます。
小口は背以外の3辺をさしますが、上の小口は「天」、下の小口は「地」と呼ばれるので、背と反対の小口は「前小口」もしくは単に「小口」と呼びます。

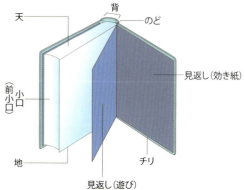

## 紙の目

紙を製造する過程でできる、紙の繊維の並ぶ方向を「紙の目」と呼びます。基本は、紙の目が本の天地方向になるように作られていますが、紙を無駄なく使うことを優先したために、横目になっている本もあります。

縦目の本

横目の本

紙は目に沿う向きに曲がりやすいので、横目の本は開きづらく、破損の原因になることもあります。

また、紙が空気中の水分を吸うと、紙の目に対して直角方向に伸びます。背で固定されているので、縦目の場合は多少横に伸びるだけですが、横目の場合、図のような状態になってしまうことがあります。

縦目の本

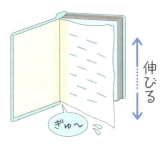
横目の本

# 基本の道具

修理の内容によって必要になる道具は異なります。ここでは、よく使う、基本の道具をあげてみました。

## 定規・はさみ

金属製の定規は、重さで紙を押さえることができ、カッターナイフで削られることがないので、おすすめです。必ず端の目盛りが0になっているものを選びます。また、ブックカバーフィルム（Bフィルム）を貼る際には、プラスチックの厚めの定規が適しています。ブックカバーフィルム（Bフィルム）を切る専用のはさみは、テフロン加工によって糊がつきにくくなっています。テフロン加工のはさみは、和紙（半紙）が切りにくいので、ステンレスなどの工作用はさみを用意します。

## カッターナイフ

カッターナイフは事務用の普通のもので十分ですが、切断面をきれいに保つために刃をこまめに折ることがポイントです。折る際は刃が飛ばないように、ペンチなどを使用します。

### 刷毛(はけ)・筆・編み棒・竹串・プラスチックスプーン・プラスチックの浅い容器

糊を塗るときに使用します。塗る面積に合わせて、刷毛の幅を選びます。
筆は、細かいところに糊を塗るときに使います。
細かいところは竹串で、奥の届きにくいところは編み棒で糊を塗ると便利です。プラスチックスプーンは、小さな平面に糊や木工用接着剤を塗るときに重宝します。プラスチックの浅い容器は、糊や木工用接着剤を薄めて使う際に便利です。

刷毛　　筆　　編み棒　　竹串　　プラスチックスプーン 全長7cmほどの小さいタイプ　　プラスチックの浅い容器

### ヘラ・ピンセット

ヘラは、和裁用のものでも、粘土用のものでも問題ありません。また、ゴムベラも使います。
紙を折ったり、押さえたり、溝をつけたり、のりを差しこんだりするときに使用します。ピンセットは、補修の紙を挟んだり、折れている紙の端を直したりするなどの、細かい作業に使用します。

ヘラ　ゴムベラ　ピンセット

### 糊

**でんぷん糊**

そのまま使用すると、接着部分がかたく、厚くなってしまうので、水で薄めて使用します。

 →

児童書では、とろ〜りとしたポタージュ程度の濃さが、おすすめです。
※製本用の糊もあります。水で薄めて濃度を調節します。

**木工用接着剤**

児童書のように、修理後数年もたせられればよいという場合は、木工用接着剤で代用できます。
でんぷん糊と同じく水で薄めて使用します。接着力が強いので、でんぷん糊と混ぜて調節するとよいでしょう。

### 修理用テープ・製本用布テープ

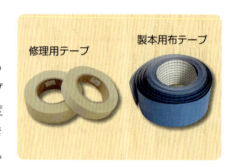

壊れたら直し、壊れたら直し……の繰り返しになってしまう児童書では、本専用の透明の修理用テープを、ページの破れやのどの補修で使用します。一度貼ったらはがせないので、貴重な本などには不向きです。製本用布テープは、本の背の修復に使います。

### ブックカバーフィルム（以下：Bフィルム）

本を保護するための透明のフィルムです。糊がついていて、そのまま本に貼ることができます（貼り方は70ページ参照）。傷や汚れを防ぐだけではなく、紫外線を遮るので、色あせの防止にもなります。

基本の道具

## クッキングシート・和紙

クッキングシートは、半透明のツルツルとした紙です。テフロン加工によって糊がつかず、水も通さないので、糊を使う作業の際に当て紙として使います。Bフィルムをはがしたあとの裏紙で代用できるので、裏紙はいくつか保存しておくと便利です。

和紙は、欠けたページの補修や、糊がつきにくい場合に間に入れるなどの使用方法があります。

和紙がない場合は半紙で代用できます。厚みが半紙程度であれば、薄い紙でも代用できます。

## クラフト紙・厚紙・紙やすりとトイレットペーパーの芯

クラフト紙は、丈夫で破れにくいため、主にクータ（57ページ参照）を作るのに適します。封筒の紙などで代用できます。

厚紙は、背表紙が破損している場合に使います。レポート用紙の台紙などで代用できます。

紙やすりは60〜80番のもの。トイレットペーパーの芯に巻きつけて、古い糊をはがす必要がある時などに使います。

## 目玉クリップ

本のページを重ねてとめる際に便利です。

## 修理の際に注意すること

修理したつもりが、かえって本を傷つけてしまうことがあります。知らずにやってしまいがちな、修理の際の注意点をお伝えします。

### 劣化しやすい素材を使わない

破れたページを直すのに、セロハンテープやガムテープを使ってしまうと、日がたつと劣化して色が変わるので、絶対に避けます。また、綴じるのにステープラーを使うと錆びてしまうのでよくありません。

劣化して変色したセロハンテープ

錆びたステープラー

修理の際に注意すること

## 頑丈過ぎる素材を使わない

修理にあたって、壊れにくくて頑丈にしたいとの思いから、必要以上に厚い素材、もしくはかたい素材を使ってしまうと、反対に次の破損につながってしまいます。
素材が違い過ぎると、その境目に負担がかかってしまうのです。元の素材とのバランスが大切です。

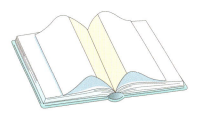

## 背と本体を貼りつけない

本の背表紙が取れてしまったからといって、いきなり背表紙に糊をつけて、直接本体に貼りつけてしまってはいけません。
本はその目的によって、製本方法が異なります。元の背表紙がどうなっていたのかをよく確認してから修理します。

背表紙の名称と状態

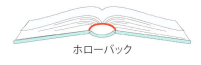
ホローバック

上製本の主流です。本体を開くと、本体と背表紙の間に空間ができるため、開きやすく背も傷めないのが特徴です。

タイトバック

並製本の主流です。本体と表紙の背が密着していて丈夫なのですが、ホローバックに比べて開きにくいのが難点です。

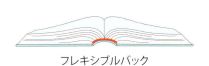
フレキシブルバック

薄表紙の辞書類によく用いられます。本体を開くと背が曲がるので、のどまで開くことができます。背文字がボロボロになりやすいのが難点です。

# 本の修理

本の修理が上達するには、実践あるのみです。あまり構えずに、簡単な修理から繰り返し取り組んでみましょう。

## ページが破れたとき 1 …… 修理用テープによる修理

**準備するもの**

修理用テープ　　　　はさみ もしくは カッターナイフ

### 1
修理用テープは、写真のようにページの平らな部分が破れたときに使用できます。
まず、作業のしやすい比較的広い場所を確保します。

### 2
テープの幅は 1.5〜5cm までありますが、破れの修理の際は、比較的幅の細いものを使用します。写真では幅 2.5cm を使用しています。

### 3
テープは、破れている部分よりも少し上から貼り、下はページギリギリくらいでカットし、剥離紙をはがします。

本の修理　ページが破れたとき

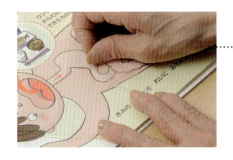

**4**

破れている部分に文字があれば、位置をしっかりと合わせます。修理用テープは、少しずつ貼りましょう。

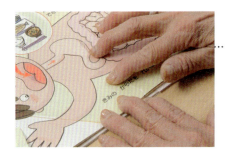

**5**

テープを貼った部分は上からよく押さえ、しっかりと密着させます。

**6**

裏面も同様に行います。

**7**

裏からもテープを押さえて密着させます。

**8**

テープを長めに切って、貼ってから余分な部分をはさみで切るのもよいでしょう。

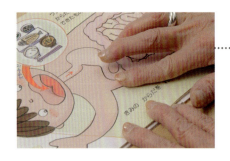

##### 9

文字の部分がきちんと読めるかを確認して、さらに指でしっかりとテープを押さえます。

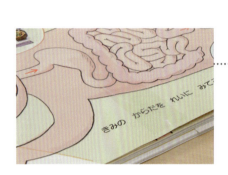

##### 10

破れた部分を放置しておくとひどくなるので、早い段階で直すようにします。

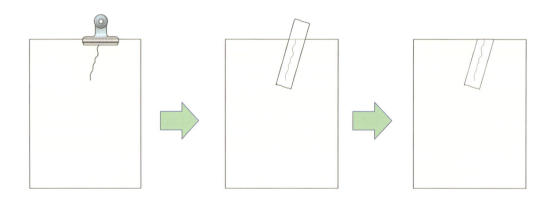

簡単に示すと、上の図のようになります。はみ出た部分を切り取るときは、本体まで切ってしまわないように気をつけましょう。本の用紙が薄い場合は、トイレットペーパーの芯などに紙やすりを巻きつけたもので、縦にこする（削り取る）とはみ出た部分を取ることができます（28～29ページ参照）。

本の修理　ページが破れたとき

## ページが破れたとき 2　…… 糊による修理

### 準備するもの

糊 … 水で薄めておく、木工用接着剤でも可
糊を入れる容器 … プラスチック製の浅いもの
小筆 … ゴムベラやプラスチックスプーンなどでもよい
クッキングペーパー … B フィルムの裏紙でもよい
重し … 1kg 程度、廃棄する本などでよい

### 1
プラスチックなどの容器に、糊を出します。

### 2
水は入れ過ぎないように気をつけながら、ポタージュ状になるよう薄めます。ゴムベラやスプーンなどの平たい形状のもので混ぜます。

### 3
はみ出した糊が他のページにつかないように、破れたページの下にクッキングペーパーを敷きます。

21

竹串で、破れた部分に糊を塗ります。

**5**

道具は筆でも指でもよいのですが、細かいところまで塗れるものを用います。

**6**

破れた部分を貼り合わせます。
下に敷いたクッキングペーパーを折り返して、上から丁寧に押さえます。

糊のついた部分をクッキングペーパーで覆いながら、本を閉じます。

本の修理　ページが破れたとき

8

上から重し（使用しない本など）を載せ、このまま
1時間程度置いて、乾燥させます。

9　完成！

少し手間はかかりますが、出来栄えにはきっと満足
できるでしょう。

> **ワンポイント**
>
> ページの破れて丸まった部分などは、竹串
> の先で、作業前に整えておくと、きれいに
> 仕上がります。
>
>

## ページがはずれたとき 1　…… 修理用テープによる修理

#### 準備するもの

修理用テープ
目玉クリップ … しっかりとまる大きめのもの
はさみ もしくは カッターナイフ

### 1
はずれたページが1〜2枚だけの場合は、修理用テープを使って簡単に修理できます。

### 2
"のど"を貼る修理用テープの幅は、3.5cmくらいが目安です。

### 3
本の天地より、少し短めにテープを切ります。

### 4
*3*のように短めに切るのは、上や下に少しだけはみ出したテープの処理が、意外に大変だからです。

本の修理　ページがはずれたとき

**5**

はずれたページの前小口と"のど"を合わせて、目玉クリップでとめます。

**6**

テープの剥離紙は、全部はがしてしまわずに、最初は写真のように少しだけはがします。

**7**

修理用テープをのどに貼ります。**6** ではがした部分を、端より少し内側におきます。

**8**

剥離紙をはがしながら、少しずつ貼ります。空気が入らないように、指でテープを押さえながら貼るときれいに仕上がります。

## 9

裏面も同様に行います。

## 10

テープの長さは天地より短くても、十分にページはつきます。

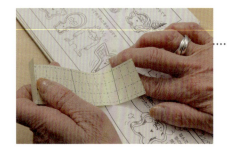

## 11

剥離紙をはがしながら、貼っていきます。

## 12

"のど"の部分は指先や爪などでよく押さえ込みます。
ヘラで押さえてもよいでしょう。

本の修理　ページがはずれたとき

### 13
最後に、貼ったテープの上からよく押さえ、しっかりと密着させます。

### 14
テープを使うと、乾かす必要がなくて便利です。

---

### ワンポイント

**修理用テープを長めに切る方法**
あえて長めに切る方法もあります。処理しやすいように、矢印の位置程度の余裕をもたせます。

テープを長めに切った場合は、はみ出したままにしておき、本体を切ってしまわないようにはさみで切り落とします。

## ページがはずれたとき 2 …… 木工用接着剤による修理

### 準備するもの

木工用接着剤 … 水を加えて、しずくがゆっくりと落ちるくらいに薄める（32 ページ参照）
接着剤を入れる容器 … プラスチック製の浅いもの
小筆 … ゴムベラやプラスチックスプーンなどでもよい
竹串
クッキングシート … B フィルムの裏紙でもよい
目玉クリップ … しっかりとまる大きめのもの
紙やすり … 60 〜 80 番程度の粗さのもの
トイレットペーパーの芯

### 1

ある程度厚さのある紙の場合は、はずれた面に糊などが残っていることがあります。
でこぼこしていると、接着剤はとてもつきにくいので、接着前に紙やすりを使って平らに整えます。

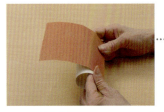

### 2

トイレットペーパーの芯に紙やすりを巻きつけます。

### 3

紙やすりは 60 〜 80 番程度の粗さのものを使います。
固定しなくても、手で押さえるだけで十分です。

本の修理　ページがはずれたとき

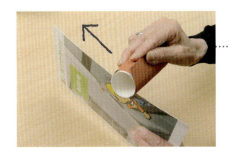

 **4**

紙やすりは、紙に対して平行に、一方向に数回動かします。

 **5**

接着面が平らになったら、接着剤を塗ります。

 **6**

本体の"のど"の部分にも、竹串を使って接着剤を入れます。

できるだけ差し込む

 **7**

はずれたページを、できるだけ"のど"の奥に差し込むようにすることが大事です。

**8**

クッキングシートを半分に折ります。

**9**

はみ出した接着剤でページ同士がくっつかないように、接着したページの"のど"の部分にクッキングシートを挟みます。

**10**

本を閉じたら、クリップで背を挟み、このまま1時間程度置いて乾燥させます。

**11** 完成！

さらに丈夫にするときは、接着剤をつけたうえに、修理用テープを貼ります。

### ワンポイント

#### ページがバラバラになってしまったら

全体的にページがバラバラになってしまった場合は、修理に特別な道具やテクニックが必要になります。この本では手順を紹介していませんが、慣れてきたらチャレンジしてみるものよいかもしれませんね。

## 修理は早め早めに……

人気があって、貸出回数が極端に多いために、どうしても壊れてしまう本がありますよね？

その代表といえば『かいけつゾロリ』（原ゆたか作・絵　ポプラ社）や『ウォーリーをさがせ！』（マーティン・ハンドフォード作・絵　フレーベル館）でしょうか。どちらも「修理本ランキング」の上位に鎮座する本です。

これらの修理の多い本は、最初の修理のタイミングが肝心です。廃棄になるほどボロボロになる前に、早め早めの修理を心がけましょう。

本の状態をよく確認して、ちょっとした破れを見つけたら早めに対応していくことが、本の寿命を延ばす一番のポイントです。

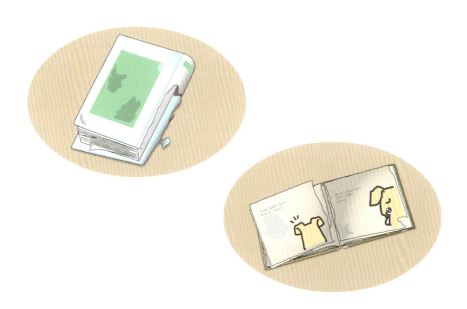

## 糸綴じがゆるんでのどに隙間ができたとき

> **準備するもの**
>
> 木工用接着剤 … 水を加えて、しずくがゆっくりと落ちるくらいに薄める
> 接着剤を入れる容器 … プラスチック製の浅いもの
> 小筆 … ゴムベラやプラスチックスプーンなどでもよい
> 竹串、編み棒
> クッキングペーパー … B フィルムの裏紙でもよい
> 目玉クリップ … しっかりとまる大きめのもの

### 1
本を綴じている糸がゆるんで、ぐずぐずになった状態は、児童書ではよくみられます。

### 2
写真のような程度であれば、隙間に接着剤を入れることで応急処置ができます。

### 3
接着剤に水を少しずつ加え、かたさを調節します。

### 4
写真のように、しずくがゆっくりと落ちるくらいのかたさが適しています。

本の修理　糸綴じがゆるんでのどに隙間ができたとき

### 5
竹串の先に接着剤をつけて、ゆるんだ隙間に入れていきます。

### 6
塗りにくいところも、少しずつ接着剤を入れます。

### 7
割れた本の奥まで接着剤をつけるために、編み棒の先の部分に接着剤を塗りつけます。

### 8
7 の編み棒を本の上のほうから、綴じ糸の後ろ側に突き刺して、さらに接着剤を塗ります。
編み棒は、片方に玉のついているものを使用すれば、誤って中に入れ過ぎたときも、玉のところで止まるので安心です。

### 9

接着剤を塗り終えたら、ゆるんだ部分をくっつけるようにして、しっかりと押さえます。

### 10

はみ出た接着剤でページ同士がくっつかないように、二つ折りにしたクッキングシートを挟みます。

### 11

目玉クリップでとめて固定します。このまま1時間程度置いて乾燥させます。

### 12

接着剤をつけただけで完全に直るわけではありませんが、これでしばらくは貸し出せます。

# 表紙と見返しがはがれたとき

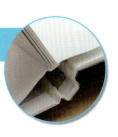

### 準備するもの

糊 … 水で薄めておく、木工用接着剤でも可

糊を入れる容器 … プラスチック製の浅いもの

竹串・編み棒 … 長めのものがよい
　　　　　　　（表紙と見返しの間に差し込んで糊を塗る）

クッキングシート … Bフィルムの裏紙でもよい

　厚くて重い本などを、背に指をひっかけて取り出すことを繰り返すうちに、表紙と見返しの部分がはがれてしまうことがあります。はがれているのが見返しの部分だけならば、簡単に修理することができます。この段階で修理しておけば、本がひどく壊れるのを防ぐことができますので、見つけたら早めに修理します。

## 1

隙間の大きさに応じて、竹串、編み棒、柄の長いヘラなどを使い分けて、表紙と見返しの間のはがれている部分に糊を塗ります。

## 2

竹串に糊を塗ります。はがれている面積が広い場合はヘラを用います。

## 3

隙間が狭いときは竹串を差し込んで、はがれている部分に糊を塗ります。
隙間が大きく、奥のほうまではがれている場合は、編み棒などを使います。

## 4

反対側の隙間にも、竹串で糊を塗っていきます。

本の修理　表紙と見返しがはがれたとき

**5**

糊を塗ったところは、上から手でしっかりと押さえます。

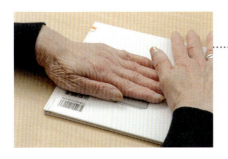

**6**

全部塗り終わったら、本を閉じて、さらに上からよく押さえます。
その後、1時間ほど置いて乾燥させます。重しをのせてもいいですね。

**7**

あまり時間のかからない修理なので、はがれているところを見つけたら早めに取り組みます。

**ワンポイント**

隙間が大きく空いている場合は、クータを入れるのもよいでしょう（クータの作り方は57ページ参照）。

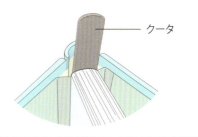

クータ

## 背表紙が部分的にはがれたとき

**準備するもの**

糊 … 水で薄めておく、木工用接着剤でも可
糊を入れる容器 … プラスチック製の浅いもの
小筆 … ゴムベラやプラスチックスプーンなどでもよい
はさみ … あればBフィルム用のはさみ
Bフィルム
定規 … あればプラスチック製の定規にフェルトを貼りつけたもの

**1**

背表紙の一部がはがれたときは、はがれた箇所をできるだけ貼り戻して、Bフィルムをかけるという修理を行います。

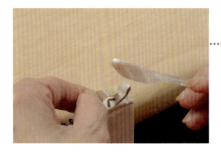

**2**

はがれた部分を伸ばすようにして、丁寧に糊を塗ります。

**3**

できるだけ元の形に戻すように、貼りつけます。

本の修理　背表紙が部分的にはがれたとき

### 4

Bフィルムは背の部分のみにかけます。本全体にはかけません。
平に表紙と裏表紙ともに約5cmかかるようにして、背幅分を含めて幅を決めます。

### 5

長さは表紙の天地と同じにして、Bフィルムを切り出します。

### 6

切り出したBフィルムのサイズが間違っていないかを、本に合わせて確認します。

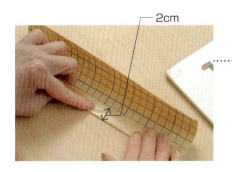

### 7

Bフィルムを手前2cmほど折ります。

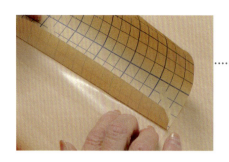

## 8

折った部分の剥離紙をはがします。

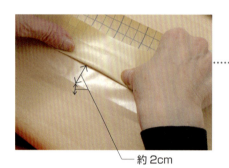

## 9

さらに2cmほど剥離紙を折りながら、はがします。

約2cm

## 10

写真の点線の部分が、背表紙の角にくることになります。

## 11

Bフィルムの糊面を下にして、本の背表紙の角に合わせます。

### 12

Bフィルムと本の間に空気が入らないように、手のひらで押さえながら貼ります。

### 13

溝の部分は指先でしっかりと押さえて、Bフィルムを密着させます。

### 14

背表紙の部分も、空気を押し出しながらしっかりと貼ります。

### 15

溝は、定規でぐっと押さえ込むとよいでしょう。

ぐっと押さえ込む

## 16

ここで使用する定規については、48ページを参照してください。

## 17

定規で空気を押し出しながら、表紙にBフィルムを貼ります。

## 18

余分なBフィルムは、切り落とします。

## 19

このような修理で使うために、本のコーティングで余ったBフィルムは捨てずに保管しておきます。

本の修理　背表紙が欠けたとき

## 背表紙が欠けたとき

### 準備するもの

糊 … 水で薄めておく、木工用接着剤でも可
糊を入れる容器 … プラスチック製の浅いもの
小筆 … ゴムベラやプラスチックスプーンなどでもよい
はさみ … Bフィルム用のはさみ
厚紙 … レポート用紙の台紙程度の厚さのもの
Bフィルム
定規 … あればプラスチック製の定規にフェルトを貼りつけたもの
紙やすり … 60〜80番程度の粗さのもの
トイレットペーパーの芯
和紙 … 半紙でもよい

**1**

背表紙が欠けてしまった場合は、欠けた部分を厚紙でおぎないます。
最初に、切り出す厚紙の大きさを測ります。

**2**

厚紙の縦の長さは、壊れている部分の長さよりも1cmほど長めにします。

**3**

横は、背幅より1〜2mm短めにします。

43

 **4**

*1*で測ったサイズを厚紙にうつします。
厚紙は"ちょっと薄めの厚紙"で、レポート用紙の台紙くらいを目安にします。

 **5**

線に沿って切り出します。

 **6**

厚紙のサイズが本の背と合うかを確認します。うまく合わない場合は、実際に当てて調節します。

 **7**

背に、接着剤を塗ります。できるだけまんべんなく、接着剤をのせます。

 **8**

塗った接着剤の上に、厚紙をのせて貼ります。
上から押さえて、背と厚紙を密着させます。この状態で一度乾かします。

本の修理　背表紙が欠けたとき

## 9

接着剤が乾いたら、背表紙を貼り戻すために、厚紙に接着剤を塗ります。

## 10

背表紙をのせて、上から押さえます。
(背と厚紙が接着できたら *17* へ進みます)

## 背の劣化が激しくて接着できない場合

## 11

写真のように背の劣化が激しいと、厚紙を接着できないことがあります。

## 12

うまく接着できないときは、和紙や半紙などの薄い紙を間に挟みます。

## 13

薄い紙を厚紙と同じサイズに切り出して、厚紙に貼り、さらに上から接着剤を塗ります。

## 14
再度、背表紙を貼り戻します。

## 15
はみ出た紙は、紙やすりで削ります
（28〜29ページ参照）。

## 16
薄い紙を間に入れることで、きれいに接着できます。

## 17
補強のために、背の部分にBフィルムを貼るので、糊でつかないような、ちぎれかけの部分は、はさみで切り取ります。

3〜4cm　　折り目をつけておく

## 18
Bフィルムを、本の厚さプラス6〜8cm、長さは本の天地に合わせて切ります。
背表紙の幅に、軽く折り目をつけておきます。

本の修理　背表紙が欠けたとき

### 19
背表紙までの部分のBフィルムから、剥離紙をはがして、表紙から貼ります。

### 20
手で押さえながら、ゆっくりと貼ります。

### 21
定規（次ページ参照）を当てて、空気を押し出します。

### 22
溝の部分に定規を押し当て、しっかりとBフィルムを密着させます。

### 23
修理した部分を指で押さえながら、Bフィルムを背の部分に貼っていきます。

### 24
Bフィルムを貼ったら、上からも、手でしっかりと押さえます。

## 25

本を裏返して、裏表紙の溝の部分に定規を押し当て、しっかりとBフィルムを密着させます。

## 26

定規で気泡を押し出しながら、最後まで貼ります。

## 27 完成！

背表紙の一部が欠け落ちてしまっている場合は、新たに背表紙を作って貼りつけてから、Bフィルムを貼ります。

---

### ワンポイント

**Bフィルムを貼るための定規**

41～42、47～48、52、55、71ページで使用の定規は、Bフィルムを貼るためのもので、定規の斜めの面にフェルトを貼っています。溝にBフィルムを密着させる場合は、フェルトを貼っていない、とがっている側を使います。

# 背表紙が全体的にはがれたとき

## 準備するもの

製本用布テープ … 幅は背表紙プラス 4cm 以上
糊 … 水で薄めておく、木工用接着剤でも可
糊を入れる容器 … プラスチック製の浅いもの
小筆 … ゴムベラやプラスチックスプーンなどでもよい
はさみ … あれば B フィルム用のはさみ
厚紙 … レポート用紙の台紙程度の厚さのもの
B フィルム
定規 … プラスチック製の定規にフェルトを貼りつけたもの
紙やすり … 60 〜 80 番程度の粗さのもの
トイレットペーパーの芯

**1**

絵本などの薄い本で、背表紙が全体的にはがれた場合は、製本用布テープで補強するのが簡単です。

**2**

作業の前に、背に残った糊や余分な紙などは、あらかじめ手で取り除きます。

**3**

背の部分を平らにするために、紙やすりを一方向に動かして削ります。

厚紙

## 4

はがれてしまった背表紙と、同じサイズの厚紙を切り出します。

## 5

やすりをかけた本体の背に、糊を塗ります。

## 6

切り出した厚紙を、背に貼ります。

## 7

本をさかさまにして、テーブルに背を強く押しつけて、接着します。

## 8

布テープは、本の天地それぞれ2cmほど余裕をもった大きさに切ります。

### 9

布テープの剥離紙を半分だけはがして、その中央に、本の背をのせます。

### 10

残った剥離紙の角を折り返し、はがしやすいようにしておきます。

### 11

本を軽く押さえながら、残りの剥離紙をはがします。

### 12

本の背を上にして、背の部分の布テープをよく押さえて、密着させます。

### 13

裏表紙側から布テープを貼り、次に本を裏返します。表・裏どちらから貼ってもかまいません。

### 14

次は表紙側の残りの布テープを軽く引きながら、表紙に貼ります。

### 15
布テープと本の間に空気が入らないように、手でよく押さえながら布テープを貼ります。

### 16
溝の部分は、定規で強く押さえます。

### 17
表紙よりはみ出させた部分の布テープに斜めに切り込みを入れます。

### 18
切り込みの角度は、写真のようにします。

### 19
上下、それぞれ2か所、計4か所に切り込みを入れます。

本の修理　背表紙が全体的にはがれたとき

## 20

表紙を開いて、切り込みを入れた外側の部分を折り返します。

## 21

反対側も同じように折り返します。

## 22

残った真ん中の部分は、はさみで切り取ります。

## 23

きれいに仕上がりましたが、このままでは、本棚に並べたときに、タイトルがわかりません。

## 24

そこで、背表紙にタイトルをラベリングします。これで完成です！

## 見返しだけが切れたとき

#### 準備するもの

修理用テープ
糊 … 水で薄めておく、木工用接着剤でも可
糊を入れる容器 … プラスチック製の浅いもの
小筆 … ゴムベラやプラスチックスプーンなどでもよい
はさみ もしくは カッターナイフ

### 1

見返しだけが切れていたり、切れかかっていたりする場合は、修理用テープを使って補修ができます。

### 2

見返しの"のど"にあるしわや折れは、できるだけ伸ばして、見返しがはがれたところは糊を塗って貼っておきます。

### 3

糊を塗る部分が少な過ぎると、接着が難しいので、はがれを少し広げてから、糊を塗る方法もあります。

本の修理　見返しだけが切れたとき

"のど"の修理は幅3.5cmのテープを使用します。テープの長さは本体の天地に合わせて切ります。

剥離紙を少しずつはがして、テープを貼り始めます。

修理用テープを貼った部分は、上からよく押さえて、密着させます。のどの部分は定規などで、押し込みます。

"のど"の破損は、放っておくと、大幅な補修が必要になるので、早め早めに修理をします。

## のどが割れたとき

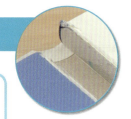

**準備するもの**

糊 … 水で薄めておく、木工用接着剤でも可
糊を入れる容器 … プラスチック製の浅いもの
紙 … クラフト紙、封筒程度の厚さのもの
小筆 … ゴムベラやプラスチックスプーンなどでもよい
はさみ もしくは カッターナイフ
修理用テープ
和紙 … 半紙でもよい

### 1

写真のように、のどが完全に割れてしまったときは、ただ貼り合わせるのではなく、クータ*を貼る修理が必要です。

### 2

クータには、クラフト紙が向いていますが、なければ封筒の紙で代用できます。

### 3

右ページを参考にして、クータを作ります。

＊クータ……ホローバック形式（17ページ参照）の製本で、表紙と本文の接着を強くするために用いる、背の部分に貼る筒状の丈夫な紙。

## クータの作り方

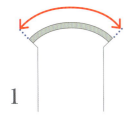
幅は本体の背と同寸

1

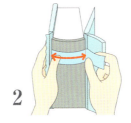

2

クータのできあがり幅は、本体の背と同寸です。湾曲しているので、定規ではなく、テープなどを沿わせて測りましょう。

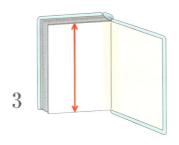
長さは本体の天地と同寸

3

クータの長さは、本体の天地と同寸です。表紙の天地と間違わないように注意します。

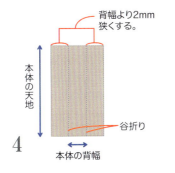
背幅より2mm狭くする。
本体の天地
谷折り
4
本体の背幅

5

6

紙を4の図の寸法で切り出します。背幅の両側は背幅より2mm狭くします。背幅の両側を内向きに折り、3つにたたみます。合わさった2枚の間に糊を塗って接着します。これで中が空洞の筒状になります。クータの上の部分が湾曲したカマボコ形になっているのを確認します。

**4**

作ったクータを本体の背に沿わせてサイズが合っているかを確認します。

**5**

サイズが合っていれば、本体の背に糊を塗ります。

**6**

クータを本体の背に貼りつけて、ここで一度しっかり乾かします。もしクータがうまく接着できない場合は、間に和紙や半紙などの薄い紙を挟むと接着できます（45ページ参照）。

**7**

乾いたら、クータと背表紙の両方に糊を塗ります。

本の修理　のどが割れたとき

**8**

背表紙とクータを貼り合わせます。

**9**

接着するときは、位置がずれないように注意して合わせます。

**10**

本を閉じて、背表紙を上からよく押さえます。

**11**

背を下にして、上から押さえ、さらに密着させます。

**12**

太めのゴムなどでとめて、糊が乾くまで、しばらく置いておきます。

## 13

糊が乾いたら、"のど"の部分に修理用テープを貼ります。
テープは上を合わせて、下は少し短めに切ります。

## 14

剥離紙を少しずつはがしながら、上から貼っていきます。

## 15

貼り終えたら"のど"の部分をよく押さえます。

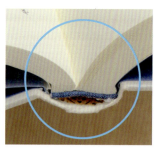

クータが、背表紙と本体の間に空間をつくっているのがわかりますね。

## 16

のど割れは繰り返すことが多いのですが、"できるだけ書架に戻す"を目標にしています。

１回でも多く貸し出すために

ここまで、本の修理のための道具や方法について紹介してきました。

修理に携わる皆さんは"何とか元通りにしたい"という思いで作業をされていると思います。でも"元通り"にこだわるのではなく、「早く直して、1日でも早く、1回でも多く貸し出せるように」という考え方もあるのではないでしょうか。

壊れるのは、貸し出しの多い、人気がある本ということです。特に人気の児童書は、修理が追いつかずに、「直しても直しても壊れる」の繰り返しになりますが、それは仕方のないことかもしれません。

貸し出しに耐えられないほど壊れてしまった本は、廃棄や買い替えもやむを得ない、という前提で、簡単な修理に取り組んでいきましょう。

カウンター内に引き上げた修理しなければならない本を、大仰に構えず、まずは1冊ずつ簡単な修理で、早く書架へ戻してあげることを心がけるとよいですね。

# 本の取り扱い

本が壊れてしまうこと自体を防ぐために、本の正しい扱い方、本を扱う環境の整え方について紹介します。

## 利用者へのアナウンス（本の取り出し方・扱い方など）

本の正しい取り扱いを周知することは、本の破損を防ぐことになります。ポスターなどを作って目につくところに貼り出して、注意を促しましょう。

### 本の取り出し方

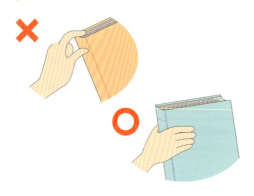

本を取り出す際に、背表紙の縁に指をかけてしまうのが、背表紙が破損する大きな原因です。平に手をかけて本をしっかりつかんで取り出すように呼びかけます。

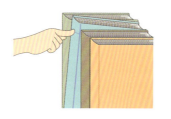

平に手をかける隙間がない場合のために、背の上の部分を軽く押して、はみ出た部分をつかむ方法や、両端の本を奥へ押して、飛び出た部分をつかむ方法などを紹介します。

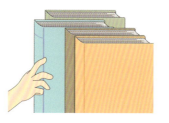

図書館としては、棚に本をぎっしり詰め過ぎないことが大切です。指1本か、本1冊を抜いた間隔だと、使いやすくなります。配架や整頓のときに心がけておきます。

本の取り扱い

### 読みかけの本①

読みかけの本を開いたまま、伏せて置いたり、開いたまま何冊も重ねたりすると、背の部分に負担がかかり、ページが取れたり、のどが割れたりする原因となります。

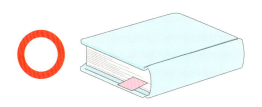

しおりを挟めば、本に負担がかからないので、しおりを使うように、注意を促します。
配布用に手作りのしおりを作るのもいいですね。

### 読みかけの本②

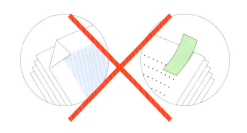

ページの端を折る、付箋を貼るのは、避けてほしい行為です。折られた紙は折りぐせがついてしまって、元には戻りません。付箋ははがすときに糊が残ったり、紙の表面がはがれて字が消えてしまったりすることがあります。

◆他に、次の行為も本に負担をかけるので注意を呼びかけます。

・お風呂の中で本を読む　・ペットがかじる、粗相をする
・本の上に熱いものを置く　・飲食しながら本を読む
・線を引いたり、書き込んだりする
・切り取りをする　・落書きをする
・濡れた手で本に触れる　・雨の中バッグに本を入れずにそのまま持ち帰る

※壊したり破ったりした本は、自分で修理しないように呼びかけます。
　特にセロハンテープを使った修理は、本を傷めてしまうことを強調します。

## 日常のメンテナンス

本が傷まないためには、常日頃のメンテナンスが大切です。
できるだけ計画的に、継続して取り組めるように工夫します。

### ほこりの除去

**1** 大きなほこりは、掃除機の弱で吸い取ります。本を傷めないように、しっかりと前小口を押さえます。
作業中はほこりなどを吸い込まないように、マスクをします。

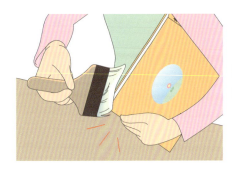

**2** 刷毛などを使って、天→前小口→地の順にほこりを払います。
ほこりがたまりやすい天を払うときには、しっかりと前小口を押さえます。

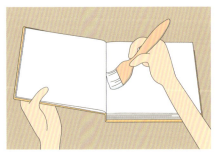

**3** 見返しの部分にも、ほこりはたまります。丁寧に取り除きます。
最後にやわらかい布で、本の表面を拭き取ります。

本の取り扱い

## フロアや書棚の清掃

フロアの清掃は、こまめに行います。掃除機には、空気を清浄にするエアフィルターがついているものがおすすめです。

やわらかいはたきなどで、時々書棚のほこりを払っておくことも効果的です。

## 本の状態のチェック

◆ **主なチェック項目**
・書き込みがないか
・付箋がついていないか
・ページの隅が折られていないか
・ページの破損、表紙の破損などはないか
・ページが波打っていないか
・汚れはないか
・切り取りはないか

本の傷みに早く気づき、可能な限り早めに修理することが、破損を広げないポイントです。

本のチェックは、毎日の書架整頓と、本が返却されてきたときがチャンスです。左のような項目を中心に、チェックする習慣をつけます。

傷んだ本を発見したら、別置して、できるだけ早めに修理します。

## 本が濡れてしまったとき

本が濡れてしまったら、迅速な対応が必要です。このとき、水を吸った紙は弱くなっているので、こすったり、ドライヤーなどで急激に乾燥させたりしないように注意します。

1. 乾いたタオルを当てて、水分を吸い取ります。
濡れているページが限られている場合は、濡れたページの前後に吸水紙（キッチンペーパーなど）を挟むのが効果的です。

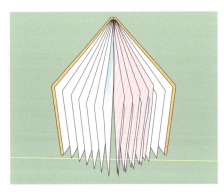

2. 吸水紙を、ところどころに挟みます。あまり挟み過ぎると、本が変形することがあるので注意します。本を立てる場合は、濡れている部分を上にします。

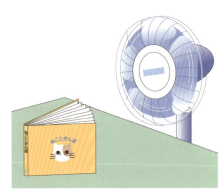

3. 扇風機やドライヤーでゆるい冷風を当てて、乾かします。このとき完全に乾かさないように注意します。
本が波打った状態で乾いてしまうからです。

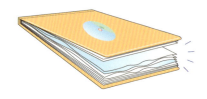

本の取り扱い

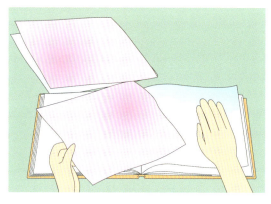

**4** 吸水紙は、こまめに取り換えます。挟む場所もそのたびに変えます。

手で触れて冷たくない程度の、半乾きになるまで、吸水紙を挟む→冷風を当てる、を繰り返します。

**5** 半乾きの状態になったら、ページが貼りついていないかを確認して、板の上から重しをのせます。

吸水紙は、乾くのに合わせて徐々に減らしていき、最後はすべて取り除いた状態で乾かします。

**6** 乾かしている間は、1日に1回ほど、本を取り出し、ページ同士が貼りついていないかを確認します。

なお、アート紙やコート紙などの表面に塗料が塗られた紙は、ページ同士が非常に貼りつきやすいので注意が必要です。

## カビが生えてしまったとき

本にカビが発生したら、すぐに処置することが大切です。カビを吸い込むと健康を害するおそれがありますので、以下のことに留意して作業します。

1 カビの胞子を体内に入れないために、保護メガネ、使い捨ての手袋、マスク、作業服（エプロン）を装着します。
消毒のためのエタノール、スプレーボトル、拭き取り用の紙製の布を準備します。

2 カビは、人によってはアレルギー反応やその他の健康被害を引き起こす危険性があるので、体調のすぐれない人はこの作業に従事しないようにします。
エタノールも、「使用上の注意」を確認してから使用します。

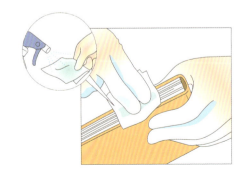

3 エタノールは蒸発しやすいので、作業は換気を十分に行いながら進めます。空気清浄機があれば稼動させます。
布にエタノールを含ませ、カビを拭き取ります。こすらずに一方向に拭き取り、布の拭き取った面は内側にして、常に汚れていない面で拭き取るようにします。

4 掃除機、もしくは刷毛などを使用して、さらに細かいカビやちり、ほこりを取り除きます。

作業後は、カビが発生した本のあった書棚をエタノールで拭き、清掃します。作業をしていた、机の上や床面も同様にエタノールで清掃を行いましょう。

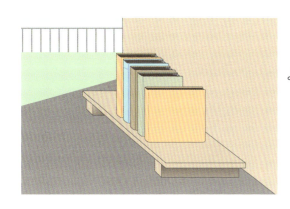

5 エタノールで殺菌した本は、直射日光の当たらない、風通しのよい場所で、よく乾かします。

◆ エタノールについて

エタノールは、引火しやすく、蒸発しやすいので、作業の際は周辺に火気がないことを確認してから使用します。エタノールには、「無水エタノール」と「消毒用エタノール」があります。「無水エタノール」は水分を含みません。「消毒用エタノール」は20～30％の水分を含みますが、最も高い殺菌力をもっています。表紙の布地や本の天地、前小口のカビを拭き取る場合は、殺菌力の高い「消毒用エタノール」が適当です。しかし、紙に大量に噴霧する場合は、紙が水分を吸って変形するのを防ぐために、「無水エタノール」が使用されています。

## 予防 I

Bフィルムによるコーティングには、本をほこりや汚れから守り、表紙が傷むなどの劣化を防ぐ効果があります。

### Bフィルムの貼り方

**1** 本の前小口よりそれぞれ3cmくらい余分ができるように、Bフィルムを切ります（天地からもそれぞれ3cm）。

**2** カバーのソデを、写真のように3mmくらいの幅から切り始めて、斜めにカットします。天地2か所ずつ計4か所切ります。

**3** 本の天とBフィルムの上端を合わせて、下の余ったBフィルムを半分に折ります。

**4** 前小口とBフィルムを合わせて、余ったBフィルムを半分に折ります。

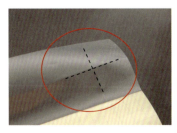

**5** 折った部分の剥離紙をはがすと、折り目の重なる十字が確認できます。

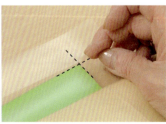

**6** その十字を前小口の角に合わせて、Bフィルムの一部を貼ります。

本の取り扱い

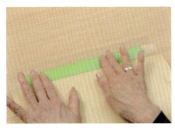

**7** 前小口に沿って、手で押さえながらBフィルムを貼ります。

**8** 角の部分を切ります。

**9** 本を裏返して、前小口を折り返します。

**10** 本を裏返して、定規で空気を抜きながら、カバーにBフィルムを貼っていきます。

**11** 背の角を、手でよく押さえます。

**12** 背も空気が入りやすいので、手でよく押さえて表紙とBフィルムを密着させます。

**13** 再び背の角を手でよく押さえて、定規を当てます。

**14** 空気を抜きながら、反対側のカバーにBフィルムを貼っていきます。

71

 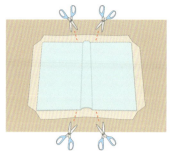

**15** 天地に4か所、斜めに切り込みを入れます。

**16** 前小口の角は図8と同様に切り、前小口を折り込んで貼ります。

**17** 前小口を貼った後は、写真のようになります。

**18** カバーをはずします。

**19** 切り込みを入れた背の部分を折り込みます。

**19**の作業のあと、本体にカバーをかけます。

**20** カバーの内側の天地にBフィルム貼ります。

**21** 角は爪を利用して貼っていきます。

**22** すべて貼り終えたら完成です。

完成！

## 予防 II

コピーを繰り返すことで、本が傷む場合もあります。郷土資料などの代替がきかない本は、コピーを誰が行うかなど、サービス内容を検討する必要もあります。

### コピーサービスの留意点

**1** コピーをする際、のどの部分を強く押しつけないようにします。

**2** コピーの際に、上下の隙間2か所をふさぎます。それだけでも、のどの部分の影はだいぶ薄くなります。

> **ワンポイント**
>
> 最近のコピー機には「枠消し（枠消去）」という機能の中に、「センター消去」と呼ばれる、本の見開きページを印刷したときなどに発生する、用紙の中央に走る影を消せるものがあります。上手に利用します。

## 予防 Ⅲ

本の傷みを完全に防ぐことはできませんが、劣化の原因としてあげられる以下の要因を、できるだけ軽減できるように取り組みます。

### 光

◆ **予防のポイント**

・UV カット蛍光灯や
　UV カットフィルムの利用
・こまめな消灯
・カーテンやブラインドの活用
・利用していないときの書架や
　閲覧室の遮光に努める

光は自然光であっても、人工的な光であっても、インクや紙を傷める原因となります。
弱い光であっても、累積すればやはり劣化の原因になります。
窓からの光が直接本に当たらないようにする配慮はもちろん、できるだけ浴びる光を少なくする方法を、積極的に考えます。

それぞれを左の本と比べると、背表紙のタイトル文字や色が退色し、読みづらくなっています。
（退色している表紙は、B フィルムをかけていません）

光によるインクの退色例

本の取り扱い

### 温度・湿度

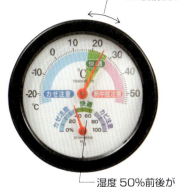

— 20度前後が適温

— 湿度50%前後が望ましい

温度と湿度の急激な変化は、紙に大きなダメージを与えます。温度は20度前後、湿度は50％前後がよいとされています。

朝と晩で温度差が10度以上、湿度差が20％以上にならないような工夫が必要です。

温度と湿度を把握するために、書庫内に温湿度計を設置します。

### カ ビ

カビが発生する条件は以下の3要素です。
発生してしまったカビの対応に追われているだけでは、カビがなくなる日はきません。3要素それぞれにできることから予防していきます。

 水 分
- 冬場の空調加湿は停止する。
- 空気攪拌（かくはん）のためにサーキュレーターを導入する。
- 産業用除湿機を設置する。

図書館におけるカビの栄養とは「ちり」や「ほこり」です

栄 養
- 書架や書庫を定期的に清掃する。
- ダクト（吹き出し口）を清掃する。
- 定期的に、専門業者による消毒を行う。

 カビの胞子
- 書庫の出入口に「塵埃（じんあい）粘着マット」を敷設する。
- 空調機に、紫外線殺菌灯を導入する。
- カビの原因に関するポスターを掲示して、注意を促す。

## 予防 Ⅳ

本が現在の状態よりも傷まないようにするためには、配架にも工夫が必要です。

### 配架のポイント

**1** 棚には余裕をもたせましょう。ぎゅうぎゅうに本を詰めてしまうと、出すとき、戻すときに、本が破損しやすくなります。

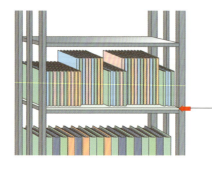

中性紙ボード

**2** 棚が金属製の場合は、湿度が高い環境では錆が発生する可能性があるので、中性紙のボードを棚の上に置くとよいでしょう。

**3** 重い本は、できるだけ棚の下段に配架すると使いやすく、地震時に落下しにくくなります。

本の取り扱い

**4** 棚に空きがある場合はブックエンドを利用します。ブックエンドは、表紙の損傷などを防ぐために表面が滑らかで角の丸いものにします。

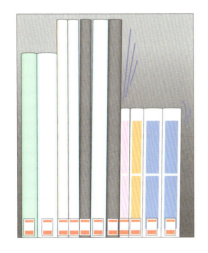

**5** 大型の本を十分に支えることができないので、配架の際、大型の本の隣に小型の本を並べるのは避けます。
大型の本の間に、小型の本が紛れてしまうおそれもあります。

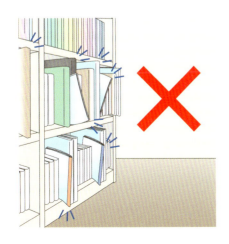

**6** 書架よりも大きな本を無理に入れると、本が通路にはみ出てしまって、通行人がぶつかるなどして本が傷むので、本の大きさに合った別の保管場所を確保します。

## 酸性紙問題

19世紀の技術革新に伴って、製紙はそれまでの手作業から機械を使った大量生産ができるようになりました。その際、大量に作られたのが酸性度の高い「酸性紙」です。この酸性紙が、湿気や光などの影響を受けて急速に劣化し、現状をとどめないほど破損してしまうというのが「酸性紙問題」です。

黄ばんだ酸性紙

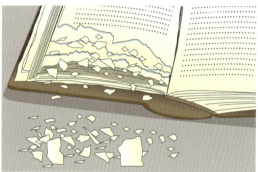

酸性紙は年月を経るとしだいに黄ばみ、数十年するとパリパリに硬化してバラバラに破れてしまいます。
この現象はスローファイヤ（緩慢な火災）と呼ばれ、欧米を中心に対策が叫ばれてきました。
1980年代になると、日本でも酸性紙から中性紙への転換が進められたため、主に問題になるのはそれ以前につくられた本です。しかし、新聞や雑誌、包装紙など、あまり保存を必要としない用途には、現在も酸性紙が使用されています。

酸性紙の資料については、マイクロフィルムやデジタルデータに変換したものを利用者に提供し、資料本体は、中性紙の箱に保管する、あるいは脱酸処理を施すなどの処置が必要となります。

## 本の廃棄について

本を管理するうえで、判断が難しいのが本の廃棄です。各施設の方針に従うことになりますが、ここでは学校図書館における、廃棄判断のポイントをご紹介します（学校図書館図書廃棄基準より引用抜粋 http://www.j-sla.or.jp/material/kijun/post-36.html）。

廃棄は、単独で判断せずに組織的に対処して、慎重に行うようにします。

### 廃棄の対象となる本

Ⅰ　一般規準
1. 形態的にはまだ使用に耐えうるが、記述されている内容・資料・表記等が古くなり利用価値の失われた図書。
2. 新しい学説や理論が採用されていない図書で、史的資料としても利用価値の失われた図書。
3. 刊行後時間の経過とともにカラー図版資料の変色が著しいため、誤った情報を提供することが明白になった図書。
4. 利用頻度の著しく低い複本で保存分を除いた図書。

●主な目安

Ⅱ　種別規準
　1.　百科事典・専門事典
　　　1）刊行後 10 年を経ているもので、補遺が刊行されていない図書。
　4.　地図帳
　　　1）刊行後 5 年を経ているもので、記載地名等に変化が生じた図書。
　11.　学習参考書
　　　1）刊行後 3 年を経ているもので、学習の現状にそぐわなくなった図書。

### 古くなっても廃棄の対象としない本

Ⅲ　廃棄の対象としない図書
次の図書は原則として廃棄の対象としない。
　1）年鑑　2）白書　3）郷土資料　4）貴重書

原案・監修 ＊ 高岡 容子 (たかおか ひろこ)

幼少期、実家で親が本に携わる仕事をするのを間近に見て育つ。出版社に勤め、その後図書館サービス関連の仕事に就き、後にフリーランスに。在職中からも本の修理などの講習を担当し、「図書館現場が必要としている修理は必ずしも本格的なものではなく、簡単で身近な必要最低限の道具を使ってできるもの」という考え方に立つ。簡単でわかりやすく、現場の要望に沿った修理方法を伝えるために本書を手がける。

## 図書館のための簡単な本の修理

2019年 6月25日 初版第1刷発行
2019年12月10日 初版第2刷発行

| | |
|---|---|
| 原案・監修 | 高岡容子 |
| 企　　画 | 名倉 拓 |
| 編　　集 | ニシ工芸（伊能朋子　名村さえ子　高瀬和也） |
| 撮　　影 | 糸井康友 |
| イラスト | 福本えみ |
| 似 顔 絵 | 小野寺清 |
| デザイン | ニシ工芸（岩間佐和子） |
| 校　　正 | 石井理抄子 |
| 編 集 長 | 野本雅央 |
| 発 行 人 | 松本 恒 |
| 発 行 所 | 株式会社少年写真新聞社<br>〒102-8232　東京都千代田区九段南 4-7-16　市ヶ谷KTビルI<br>TEL 03-3264-2624　FAX 03-5276-7785<br>URL http://www.schoolpress.co.jp |
| 印 刷 所 | 図書印刷株式会社 |

© Shonen Shashin Shimbunsha 2019 Printed in Japan
INBN978-4-87981-673-3 C3000　NDC014